MOUVEMENT SOCIAL

RÉVOLUTION DE 1848

CONSIDÉRATIONS SUR LA SITUATION ACTUELLE

Par E. DE P.

LANDERNEAU
Imprimerie J. DESMOULINS, rue Lafayette, 5.

1891

MOUVEMENT SOCIAL

RÉVOLUTION DE 1848

CONSIDÉRATIONS SUR LA SITUATION ACTUELLE

Par E. DE P.

LANDERNEAU

Imprimerie J. DESMOULINS, rue Lafayette, 5.

1891

MOUVEMENT SOCIAL

RÉVOLUTION DE 1848

CONSIDÉRATIONS SUR LA SITUATION ACTUELLE

En présence des revendications sociales qui tiennent toute l'Europe en suspens, il n'est pas sans intérêt de jeter un coup d'œil rétrospectif sur l'histoire des temps passés, et de se rendre compte de la marche progressive des idées actuelles depuis leur origine jusqu'à nos jours.

Je vais donc essayer de suivre pas à pas le mouvement social, à partir de la monarchie absolue jusqu'à notre époque. Je m'appesantirai davantage sur la période de 1830 à 1848, car c'est dans ce laps de temps que parurent et se formulèrent, d'une manière plus précise, les innovations qui servent de bases aux revendications présentes.

Que d'utopies, que de chimères ont été rêvées pour parvenir à la plus grande somme de bien-être que l'homme puisse atteindre sur cette terre de douleurs et de misères, sans que le triste sort de l'humanité ait changé sensiblement !

Qu'elles sont déjà loin de nous ces formes sociales, ces conceptions qui permettaient jadis à un Roi de France, entrant le fouet à la main au milieu du Parlement, de s'écrier « L'État c'est moi » sans soulever un tolle général d'indignation et de révolte!

La conception de l'État identifié avec la personne du Roi a duré longtemps en France. Le respect de la majesté royale était tellement ancré dans les mœurs de la nation que, malgré les fautes, les crimes même des Souverains, il n'a pu en être déraciné que par les nouvelles aspirations sociales formulées par des penseurs comme Rousseau, Voltaire et les encyclopédistes Diderot, d'Alembert et autres.

Les idées développées dans les écrits de ces philosophes semblèrent de prime abord si justes et si logiques, que leur influence s'étendit rapidement sur ceux même qui avaient intérêt à conserver le régime établi; de sorte qu'un siècle environ après cette apostrophe de Louis XIV au Parlement « L'État c'est moi, » un Tribun à l'âme ardente faisait retentir les voûtes du jeu de paume de ce cri fatidique dans lequel se trouvait implicitement la Révolution de 1789 « Allez dire à votre maître que nous sommes ici par « la volonté nationale, et que nous n'en sortirons « que par la force des baïonnettes. »

89 se fit donc ; mais par le tiers état, et non par le peuple qui n'y gagna que l'égalité devant la loi.

Je passe sous silence les horreurs qui suivirent cette Révolution que des fanatiques firent dévier de son but primitif, en exploitant les passions populaires et les haines que plusieurs siècles de despotisme avaient mises au cœur des opprimés. Ces maux furent tels qu'on ne sait vraiment de quoi s'étonner le plus, ou de l'outrecuidance de ces sectaires féroces qui les déchaînèrent sur notre malheureux pays, ou de la pusillanimité de ceux qui les tolérèrent si longtemps.

Tombée sous le poids de ses excès et de ses crimes, la Révolution fut saisie par un homme que l'on peut qualifier de plus grand génie des temps modernes. La Nation gisait à terre, épuisée par ses luttes intestines et la guerre extérieure. Cet homme la prit dans ses mains puissantes et la releva. Il accomplit en peu de temps des réformes salutaires, rétablit les autels renversés et bientôt, sous son énergique impulsion, la France, reprenant une vie nouvelle, se trouva presque subitement à la tête des nations.

Malheureusement, ce génie presqu'universel aimait la guerre et les conquêtes. Pendant 15 ans, la France lui prodigua son sang et son or pour la réalisation de ses rêves insensés ; mais l'être le mieux doué de la nature n'est jamais complet; il y a toujours en lui un point faible par où se précipitent les éléments de sa ruine, s'il abuse des facultés que Dieu lui a données.

Napoléon, si sage au début de sa puissance, perdit toute mesure pendant la dernière moitié de son Règne. Sa folle ambition le rendit coupable d'actes odieux. Sa guerre d'Espagne, commencée par une trahison, se termina par un effondrement. Sa campagne de Russie fut une folie insigne. Son orgueil indomptable ne lui permit pas de comprendre que ses entreprises téméraires pouvaient amener sa ruine et celle de la nation. Le bon sens lui manqua, ce fut là son point faible. Enfin il ne vit pas que la France épuisée ne pourrait plus le suivre à travers l'Europe déchaînée contre lui, et qu'elle tomberait haletante sur de nouveaux champs de bataille. Hélas !

Mourante elle tomba sur un lit de mitraille
et du coup lui cassa les reins.

Pendant l'épopée impériale, il n'est nullement question de revendications sociales. La France, en sortant de la Révolution, s'était jetée dans les bras de l'homme extraordinaire qui la prenait en tutelle. Émerveillée par les victoires et la gloire immense que son sauveur déversait sur elle, elle se laissa dominer et gouverner par lui, sans mot dire.

Sous la Restauration, la paix ramenée dans les

plis du drapeau blanc donna de nouveau l'essor aux aspirations vers la liberté longtemps comprimées.

Le règne du vieux Roi Louis XVIII fut laborieux. Ce prince, pour lequel les monarchistes exagérés ont souvent été injustes, eut à vaincre de grandes difficultés, dont il se tira beaucoup plus par son bon sens et son esprit que par ses travaux.

Son successeur Charles X fut, dès son avènement, circonvenu par les partisans de l'ancien régime. Ces braves émigrés qui, comme on l'a fort bien dit, n'avaient rien oublié ni rien appris, lui suggérèrent une foule de Réformes dénotant chez leurs instigateurs une ignorance complète des instincts libéraux du pays.

On vit bientôt paraître les ordonnances, la Loi sur le droit d'aînesse, la Loi sur le sacrilège, dont l'esprit d'absolutisme était d'un autre temps, et qui provoquèrent une soudaine et violente explosion de colère nationale devant laquelle Charles X dut se retirer en exil.

Disons, en passant, que le règne de Louis XVIII et celui de Charles X furent des plus honorables. Ces deux monarques voulurent sérieusement le bonheur du peuple, car leurs cœurs étaient bons et leurs vues honnêtes ; mais ils vécurent dans des temps troublés et parsemés d'écueils que la sagacité du premier sut éviter, en louvoyant adroitement entre les partis, mais dans lesquels le second tomba, pour avoir méconnu l'esprit de son époque.

Remarquons cependant que la chûte des Bourbons de la branche aînée ne fut pas l'œuvre du peuple proprement dit, mais bien encore celle du tiers état ou bourgeoisie qui, ayant fait la grande Révolution, se méfiait de la noblesse et du clergé, et voulait maintenir intacts les droits conquis par elle en 1789.

Cette bourgeoisie porta au trône, en 1830, le duc d'Orléans, sous le titre de Roi des Français et non plus sous celui de Roi de France et de Navarre. Ce monarque constitutionnel avait tous les instincts de cette classe moyenne, dont il était la complète personnification.

Élevé à l'école du malheur, chassé de France par la Révolution, avant sa majorité, ce prince rendit d'abord quelques services à son pays, en combattant dans les armées républicaines; puis proscrit, après la mort de son père Philippe-Égalité qui périt sur l'échafaud, il erra dans les pays étrangers jusqu'à la Restauration.

C'était bien le Roi aux idées nouvelles, celui qui semblait le mieux convenir à la France d'alors. Bon, généreux, sage et instruit, Louis-Philippe s'annonçait comme devant donner à son pays une ère de paix et de prospérité. Cependant nul règne ne fut plus troublé, plus tourmenté que le sien. A peine monté sur le trône, il dut combattre l'émeute qui depuis 1831 jusqu'en 1839, se maintint dans Paris à l'état permanent, constamment entretenue par les sociétés secrètes dont la France était saturée.

Je ne puis faire ici l'historique de ces sociétés, mais je nommerai et ferai connaître quelques unes d'entre elles, à mesure que les évènements se dérouleront dans ce récit.

C'est en 1832, que l'on remarque pour la première fois les agitateurs dont les noms sont liés à presque toutes les émeutes et les conspirations qui troublèrent le règne du Roi citoyen. Raspail, Blanqui, Antony Thouret, etc. comparaissent aux audiences du 11 et du 12 janvier, pour y rendre compte de leurs publications incendiaires et de leurs excitations à la subversion sociale. Blanqui, dans la dernière séance, dévoile ses rêves et ses haines, en s'écriant « Ceci est la « guerre entre les riches et les pauvres. Les riches l'ont « bien voulue, parce qu'ils ont été les agresseurs etc. » Blanqui et Raspail sont condamnés, le premier à 15 mois, le second à un an de prison, pour leur conduite à l'audience.

Les revendications sociales, abandonnées depuis celles des niveleurs de 1793 dont Blanqui et Raspail ne sont que les plagiaires, apparaissent donc de nouveau en 1832.

D'un autre côté, à la même époque, des députés, parmi lesquels Audry de Puyraveau, Cabet et La Fayette, faisaient entendre à la chambre des paroles d'anarchie.

Des émeutes éclataient en province, et notamment à Lyon, sous les excitations de ces hommes haineux qui par des menées secrètes cherchaient à renverser l'ordre établi. Mais, à cette époque, la force morale de la bourgeoisie était grande, et les agitateurs, marchant contre l'opinion publique, ne pouvaient réussir.

L'année 1832 vit encore la descente à Marseille de la duchesse de Berry et l'insurrection qui s'ensuivit; puis enfin une émeute fomentée par la Société des Amis du Peuple et dont la repression fut sanglante, surtout au Cloître St-Merry où les insurgés montrèrent une énergie et une ténacité considérables. Quel était le but de cette insurrection? La République ou l'anarchie? Peut-être les deux. Il est impossible de le savoir.

Vers la fin de cette année terrible, se constitua la célèbre Société des droits de l'homme dont les principaux membres étaient : Audry de Puyraveau et Voyer d'Argenson députés, Godefroid Cavaignac, Kersausie, Vignerte et Berryer-Fontaine. Ces hommes doués, les uns d'une grande intelligence, les autres de beaucoup de zèle et d'activité, firent prendre à l'association un développement rapide. Mais tous ces sociétaires ne poursuivaient pas le même objet. Les uns, représentés par le National, que dirigeait alors un honnête homme, Armand Carrel, voulaient seulement engager la bourgeoisie à résister au Gouvernement, sous le couvert de la Charte, les autres allaient beaucoup plus loin et disaient ouvertement : « Nous voulons la même somme de bien-être pour « tous ; le nivellement des fortunes, le nivellement « des conditions. »

En 1834, la Société des droits de l'homme, avec le concours d'anciennes agrégations qui avaient échangé leur mission philantropique primitive contre un but révolutionnaire, suscita l'insurrection du 13 et du 14 avril promptement réduite par l'armée et la garde nationale.

Paris s'était levé au signal de Lyon ; mais l'émeute de la capitale du midi, beaucoup plus sérieuse que celle de Paris, donna un bilan de 131 soldats tués, dont un colonel et douze officiers ; du côté des insurgés, on compta 170 morts.

Le jugement rendu le 13 août contre les fauteurs du désordre condamna à la déportation G. Cavaignac, M. Marrast, Kersausie, Clément Thomas, Albert et quelques autres. A 20 ans de détention : Lagrange et Bernard. A 10 ans, Caussidière, Landolphe et Tricotel. Je donne ici à dessein les noms des condamnés, pour que l'on puisse voir, en lisant l'histoire détaillée du règne de Louis-Philippe, que ces mêmes hommes, amnistiés en 1837, continuèrent, à l'exception de G. Cavaignac, à tramer des conspirations et que la plupart d'entre eux devinrent les héros de l'inepte révolution de 1848.

Ces condamnations avaient dispersé les membres les plus influents de l'association des droits de l'homme, mais les tronçons qui en restaient allaient bientôt, en 1835, épouvanter la France par une infernale machination dont le résultat fut une mitraillade républicaine qui abattit pêle-mêle un maréchal de France, un général, plusieurs officiers supérieurs et des gardes nationaux. Je veux parler de l'attentat de Fieschi, ourdi contre le Roi et la famille Royale qui furent miraculeusement préservés.

Après cet horrible forfait, les débris des droits de l'homme se fondirent dans une autre Société dite des *familles*; mais, comme les agitateurs désespéraient d'arriver à leurs fins par la lutte ouverte, ils organisèrent, sous le nom de Légion révolutionnaire, de véritables bandes d'assassins. Un ordre du jour qui leur est adressé ne laisse aucun doute sur leur mission; en voici une phrase : « Sous ce titre,

« vous ne formerez pas seulement une société de « régicides, mais surtout le corps exterminateur par « lequel, après la victoire, doivent être anéanties « les menées secrètes des exploiteurs qui ne man« queront pas de se présenter. » Il s'agit donc bien de tuer le Roi, la famille Royale et enfin les exploiteurs, c'est-à-dire ceux qui ne voudraient pas subir le joug de la rue. Cela revenait à cette époque à demander l'extermination des dix-neuf vingtièmes de la France.

Le résultat de pareilles menées ne tarda pas à se produire et, peu de temps après la création des légions révolutionnaires, un ouvrier nommé Alibaud, posté sous le guichet des Tuileries, faisait feu, à quatre pieds de distance, sur le Roi qui ne fut pas atteint.

La formation de la Société des familles est due à Blanqui et à Barbès. Le premier loup fauve, cauteleux, marchant dans les ténèbres, le second lion sombre, hardi et d'une indomptable énergie. Ces deux hommes se complétaient l'un par l'autre.

Un complot tramé par les familles contre la personne du Roi amena l'arrestation de Barbès et de Blanqui et leur condamnation à un an de prison pour le premier et à deux ans pour le second.

Ces complots n'aboutirent pas, grâce à la force de direction représentée par MM. Casimir Perier, Thiers et Guizot et à la force de surveillance incarnée dans M. Gisquet, préfet de police.

A peine le calme commençait-il à renaître qu'une autre conspiration, bonapartiste cette fois, éclatait à Strasbourg où le prince Louis Bonaparte se faisait arrêter le 30 Octobre 1834. Louis-Philippe, dont il avait voulu renverser le trône, se contentait de l'envoyer en Amérique.

On reste vraiment confondu en présence du nombre d'insurrections et d'attentats qui se produisirent sous ce règne le plus libéral et le plus populaire qu'on eut encore vu.

Tous ces désordres provenaient des sociétés secrètes dirigées par des hommes envieux et haineux, dont les proclamations incendiaires excitaient continuellement les passions et les convoitises des malheureux et des déshérités de la fortune. Les principaux d'entre eux étaient Blanqui et Barbès que nous avons fait connaître, puis Raspail, Flocon, Lagrange et Marc Caussidière que nous verrons, en 1848, se vautrer à la préfecture de police dans des orgies en rapport avec ses appétits gloutons et tout matériels.

Malgré les attaques dont il était continuellement l'objet, le gouvernement jugea à propos, en 1837, de proclamer une amnistie en faveur des condamnés politiques. Ce fut une faute, car presque tous ces amnistiés, en tête desquels Blanqui et Barbès, s'empressèrent, aussitôt en liberté, de reprendre dans la nouvelle Société des *Saisons*, le rang qu'ils occupaient dans l'ancienne Soeiété des familles supprimée depuis leurs arrestations; de sorte que le 12 mai 1839, une dernière insurrection fomentée par ces terribles conspirateurs, éclatait encore et était aussitôt écrasée par l'armée.

Il convient de faire remarquer ici que les sociétés secrètes réunies n'ont jamais pu mettre en face des troupes gouvernementales plus de 3000 hommes. Ce qui prouve que toute l'opinion publique allait au gouvernement.

Vers 1840, les théories communistes commencent à se formuler nettement, déjà G. Cavaignac et quelques autres agitateurs avaient émis des principes tendant à mettre entre les mains de l'État tout l'avoir du pays (socialisme d'état) et à donner le pouvoir aux Chefs populaires. En 1840, M. Joseph May, dans un prospectus du journal l'*humanitaire*, lance la profession de foi suivante; nous demandons :

L'abolition de la famille.

L'abolition du mariage.

Nous proscrivons le luxe.

Bientôt apparait un nouveau messie qui, sous la forme d'un roman intitulé Voyage en Icarie, s'empare des mêmes principes, les développe et en fait une doctrine que l'on peut exposer en peu de mots. M. Cabet enferme la société dans une caserne. La nourriture et le coucher sont communs. On va au travail, selon ses aptitudes, mais sous la direction d'un chef. Les noms deviennent inutiles et chaque individualité se désigne par un numéro. La propriété est abolie comme la personnalité. M. Cabet, parlant au point de vue du globe icarianisé, les états, les nationalités disparaissent avec ce qui s'y rattache.

Il est impossible d'admettre de bonne foi de pareilles balivernes, dignes des pensionnaires de Charenton. Des malheureux dont la vie avait toujours été précaire, pouvaient seuls, pour se mettre à l'abri du besoin, désirer la réalisation d'une semblable utopie. L'icarianisme ne fit guère d'autres prosélytes.

Peu de temps après M. Cabet, vient un docteur d'un autre genre. Celui-ci prêche sa doctrine avec autant de violence que le premier met de douceur à exposer la sienne. M. Proudhon inscrit en tête de son livre cette phrase incendiaire « La propriété c'est le vol. » Quant à sa doctrine, en voici les principaux traits : chaque individu est son propre souverain. La délégation de la souveraineté est interdite. Plus de pouvoir exécutif, plus de pouvoir législatif. Ni Dieu, ni maître, chacun s'arrange à sa guise. C'est plus fort que l'Icarie et de pareilles élucubrations se passent de commentaires.

Depuis 1839 jusqu'en 1848, il n'y eut pas d'insurrection, mais le 15 décembre 1840, un fanatique nommé Darmès tirait encore sur le Roi sans l'atteindre.

Nous venons de parcourir rapidement la période de 1830 à 1840, nous allons maintenant entrer dans quelques détails sur la Révolution de 1848, et d'abord mettre en relief quelques personnages qui s'y rattachent.

Barbès et Blanqui condamnés l'un à mort, l'autre à la déportation après l'insurrection de 1839, ne prirent aucune part aux évènements de février 1848.

G. Cavaignac, depuis son retour de l'exil, par suite de l'amnistie de 1837, s'abstint de tout acte révolutionnaire. Voici le portrait qu'en fait un contemporain : « C'était un républicain convaincu dont les « idées ne changèrent pas, mais il connaissait l'im- « puissance de son parti et sentait qu'après tant de « secousses, la France avait bien mérité son repos. « Les luttes à main armée, le sang, les désastres « lui faisaient horreur. Il n'avait que 45 ans, mais « on remarquait sur sa figure ce quelque chose de « fatigué et de tristement doux qu'ont les hommes « marqués pour la mort. Il s'éteignit après quelques « mois de vives souffrances. »

C'était un patriote sincère et digne de respect, mais derrière cette tête noble et sereine, que de reptiles couvant la haine et suant la débauche!

En première ligne vient M. Ledru-Rollin député, homme d'esprit, mais sans portée, avide de popularité, affectant des prétentions à l'énergie et à la domination, orateur plein de redondance et de vanité, circonspect dans l'action et n'aimant pas les coups de fusil.

Son rôle politique se termina ridiculement par l'obturation complète qu'il fit avec son corps d'un vasistas des arts et métiers, en se sauvant devant les défenseurs de l'ordre, aux journées de juin 1848. Cette obturation est restée légendaire.

Après lui, Louis Blanc petit homme chétif et rageur, écrivain d'un certain mérite, pétri d'envie et de malice, auteur d'une *histoire de dix ans* qui lui valut un succès d'estime.

Raspail esprit agité et fiévreux, mal équilibré, fondateur en 1834 du journal le Réformateur, destiné à répandre les principes politiques et chimiques de son maître, et à combattre le gouvernement établi.

Flocon directeur du journal la *Réforme*, homme sans talent, mais très remuant et conspirateur sérieux, dont la vie se passa à la recherche d'une position sociale qu'il ne pouvait conquérir qu'en eau trouble.

Enfin Marc Caussidière, viveur enragé, dont l'unique but était la satisfaction de ses appétits grossiers.

Tous ces hommes, aidés de quelques comparses, jouèrent un rôle dans la Révolution de février, mais ils ne la firent pas. S'ils avaient essayé de l'accomplir avec les forces dont ils disposaient, ils auraient encore échoué, comme ils le firent dans toutes les insurrections qu'ils suscitèrent pendant leur vie de conspirateurs. Leur rôle consista à profiter des dissentiments survenus entre les conservateurs de la chambre et le parti d'opposition qui, froissé dans son amour-propre, mena les choses trop loin, et ne vit pas l'abîme ouvert sous ses pas. Ces agitateurs se placèrent alors entre les deux partis et, secondés par la mollesse de répression dont fit preuve le gouvernement, ils renouvelèrent à leur profit, la mauvaise plaisanterie de l'huitre et des plaideurs.

C'est ce que je vais essayer de faire voir le plus clairement et le plus succinctement possible, sans avoir toutefois la prétention d'écrire l'histoire de cette Révolution généralement peu connue, et dont je ne donne ici qu'un Résumé très sommaire. Cela dit, j'entre en matière.

Les élections de 1846 avaient donné à la Chambre une grande majorité de Conservateurs, et le parti d'opposition, ayant à sa tête Odilon Barrot, ne pouvait se consoler de son infériorité numérique.

Depuis quelque temps, un désaccord existait entre le gouvernement et une partie de la Bourgeoisie. Les petits commerçants, en lisant les diatribes quotidiennes du *National* et de la *Réforme,* s'étaient imaginé que le pouvoir voulait les soumettre à une aristocratie d'une nouvelle espèce, l'aristocratie financière. La cote censitaire, qui donnait droit à faire partie des collèges électoraux, était en effet fort élevée (200 fr.) et ne permettait pas aux petits bourgeois de nommer les députés. Cependant, comme gardes nationaux, ils devaient, le cas échéant, défendre le gouvernement et à ce titre, ils réclamaient leur part dans les affaires publiques, en demandant une réforme constitutionnelle, c'est-à-dire un abaissement de la cote censitaire qui leur permit d'être électeurs. Leur réclamation était juste.

Quoiqu'il en soit, le pouvoir, à tort ou à raison, ne crut pas devoir céder au parti d'opposition. Celui-ci se fit l'avocat passionné de la bourgeoisie ; de là des débats ardents, violents mêmes, qui déterminèrent une scission complète entre les deux partis de la Chambre. La résistance du gouvernement à toute réforme constitutionnelle envenima encore la lutte entre le pouvoir et une classe nombreuse et respectable.

Des banquets politiques s'organisèrent dans les grandes villes, en vue d'intimider le gouvernement. Dans plusieurs de ces festins, le toast au Roi fut supprimé ; ce qui donna immédiatement un caractère agressif à ces manifestations, auxquelles prirent part quantité de Républicains. L'initiative de la gauche parlementaire ouvrait ainsi, sans le vouloir et par son imprévoyance, le champ libre aux républicains et aux anarchistes.

Tel était l'état des esprits, lorsque s'ouvrit la session de 1848. La gauche, par ses agissements, croyait fermement avoir ouvert les yeux des Conservateurs et du pouvoir, et se présentait à la Chambre pleine de confiance en elle-même. Quel ne fut pas son étonnement en entendant le Roi, dans son discours d'ouverture, la traiter d'aveugle et lui reprocher amèrement sa conduite? Pendant la discussion de l'adresse, l'opposition eut encore la douleur de voir les Conservateurs confirmer le Jugement du Roi et lui infliger un blâme sévère. C'en était trop, son amour-propre ne put supporter une pareille humiliation, et elle décida de continuer ces banquets que la majorité venait de flétrir.

Avant l'ouverture des Chambres, le 12e arrondissement en avait proposé un. Les meneurs s'emparèrent de la direction de cette manifestation, dont voulurent aussi faire partie les hommes de la *Réforme* et du *National* respectivement dirigés par MM. Flocon et Recurt, deux républicains que leur situation précaire devait amener à profiter des troubles fomentés par l'opposition.

Un comité, composé de plusieurs membres de la gauche parlementaire, nomma des délégués chargés de recueillir des souscriptions. Une centaine de députés et deux pairs de France, MM. Boissy-d'Anglas et d'Althon-Shée répondirent à cet appel. La jeunesse des écoles, convoquée au faubourg St-Marceau, décida que le banquet serait mis sous le patronage de M. Ledru-Rollin, c'est-à-dire de la Réforme. C'était l'envahissement pur et simple de l'élément républicain, pour ne pas dire plus.

Un manifeste parut bientôt convoquant la jeunesse des écoles, les gardes nationaux, les députés, les pairs de France, et assignant à chacun sa place dans le cortège pour se rendre au banquet.

Ce cortège, partant de la place de la Madeleine, devait traverser celle de la Concorde et les Champs Élysées, pour prendre l'avenue de Chaillot où se trouvait la salle du festin.

Cette imposante manifestation était de l'anarchie

pure. Le gouvernement s'en émut et fit afficher plusieurs proclamations, dont une du général Jacqueminot interdisait aux gardes nationaux toute réunion, et l'autre du préfet de police M. Délessert interdisait le banquet.

Devant l'attitude menaçante du gouvernement, presque tous les députés inscrits se retirèrent. Il n'en resta que douze et un pair de France, M. d'Althon-Shée, à persévérer dans leur résolution.

Le 22 février, jour désigné pour le banquet, une foule énorme encombrait les places de la Madeleine et de la Concorde. Cette foule n'était point hostile; la curiosité seule l'avait portée sur ces points où elle pensait que de graves évènements allaient se passer. Des étudiants, en grand nombre, descendaient, en chantant, du quartier latin et s'amusaient à escalader les grilles du Palais Bourbon dont ils étaient chassés par les municipaux chargés du service d'ordre.

Quelques collisions se produisirent sur la place de la Concorde entre les gardes à cheval et des gamins qui brisèrent les chaises de la promenade des Champs Élysées et mirent même le feu à un corps de garde. Rien de sérieux ne se passa jusqu'à la tombée de la nuit, mais des clameurs d'émeute se firent entendre dans les Champs Élysées depuis 9 heures du soir jusqu'au matin.

Cependant vers la chute du jour, des gens de sac et de corde, descendus des faubourgs, et obéissant presque tous au mot d'ordre de la Société la Dissidente, dressèrent une barricade dans la rue Matignon et une autre dans la rue St-Honoré, mais le mouvement insurrectionnel ne recevait encore aucune direction. Bien plus, les meneurs Ledru-Rollin, Flocon, Recurt, Caussidière et Louis Blanc, réunis dans les bureaux de la réforme, avaient décidé la veille, le 21 au soir, qu'en présence des forces gouvernementales, toute tentative de combat était inutile et qu'il fallait s'abstenir. Leur opinion n'avait pas changé le 22. Néanmoins ils veillaient et se tenaient prêts à prendre la direction du mouvement.

J'ai parlé de la Société la Dissidente qui construisit les premières barricades; elle se composait de la lie des faubourgs, ivrognes, souteneurs, vagabonds et voleurs sous la direction de chefs de même acabit. Son effectif comprenait environ 400 hommes n'ayant rien à perdre et tout à gagner. La Révolution sortit donc, cette fois, d'un égout social et d'une curiosité.

Dans la nuit du 22 au 23, ces hommes tarés hurlaient chez les marchands de vin et annonçaient la chute du pouvoir pour le lendemain. Ne perdons pas de vue toutefois que la classe moyenne n'entendait nullement abattre la royauté de juillet, mais avait voulu seulement l'intimider et lui donner une leçon.

Voilà où en étaient les choses le 23 au matin, lorsque M. Flocon se précipitant vers 10 heures dans les bureaux de la Réforme, où se trouvaient quelques familiers, s'écria d'un ton animé « Il faut revêtir des « uniformes de garde nationale, s'en procurer n'im« porte où, dire aux patriotes d'en faire autant et « se porter aux mairies, en criant « *Vive la Réforme.* » « Vous prendrez ensuite la tête du mouvement et « vous vous interposerez partout entre le peuple et « l'armée, la République est peut-être à ce prix. »

Grâce à l'apathie de la garde nationale conservatrice qui ne se rendit pas en force à son poste, et à la couardise de plusieurs citoyens qui livrèrent leurs armes à l'émeute; le plan de M. Flocon, suivi de point en point, réussit complètement et toute collision entre le peuple et la troupe fut évitée.

Vers trois heures de l'après-midi, le Roi, obéissant malgré lui aux insinuations de conseillers timides, fit une première concession à l'émeute, en remplaçant le ministère Guizot par un autre où figuraient Thiers et Odilon-Barrot. Ce fut une faute capitale.

La proclamation royale annoncée dans tous les quartiers de Paris calma néanmoins les esprits. Beaucoup de gardes nationaux qui n'en demandaient pas tant, satisfaits du résultat, rentrèrent chez eux et une détente considérable s'opéra immédiatement. Mais pendant que Paris se croyait sauvé, les loups-cerviers de l'émeute se cramponnaient à leur proie qu'ils voyaient prête à leur échapper. Ils ameutaient la foule contre les gardes municipaux, et ces braves défenseurs de l'ordre social, ces soldats incomparables furent plusieurs fois sur le point d'être égorgés dans la journée du 23.

Cependant l'insurrection semblait s'apaiser, lorsque dans la soirée un regrettable et terrible incident vint lui donner un aliment nouveau. Les égorgeurs de gardes municipaux, bandes en guenilles, voleurs, brigands de toute espèce excités par les proclamations épileptiques d'un énergumène nommé Sobrier, se portèrent en masse sur le ministère du Boulevard des Capucines, où un bataillon d'infanterie de ligne protégeait l'ex-ministre M. Guizot contre les fureurs de la populace. Là, un coup de pistolet, tiré par un des chefs de l'émeute, fit tomber un homme de troupe. Les soldats, en légitime défense, ripostèrent par une décharge qui joncha le terrain de cadavres.

Aussitôt, les victimes chargées sur un tombereau et escortées par la foule criant vengeance sont promenées dans Paris à la lueur des torches. Les comités des sociétés secrètes, les directeurs des journaux la Réforme et le National, Flocon et Recurt prennent la tête du mouvement et la guerre est déclarée.

Le massacre du Boulevard des Capucines avait vivement ému le cœur du Roi, dont les familiers abattaient sans cesse le courage. Enfin le maréchal Bugeaud se présente, et fait entendre au monarque des paroles viriles et pleines de décision. La classe moyenne, dit-on, appuie l'insurrection ! Non ! Quelques milliers de brouillons et de gens sans aveu ne sont pas la classe moyenne. D'ailleurs un rebelle n'est jamais qu'un rebelle ! garde national ou non, l'insurrection existe, il faut la dompter. L'œil du Roi brilla de satisfaction à ce ferme et patriotique langage d'un homme de guerre Le maréchal reçut le commandement des troupes, et le 24 à 3 heures du matin, il disposait de 25000 hommes.

Deux colonnes furent formées, dont l'une, sous les ordres du général Bedeau, devait marcher sur la place de la Bastille par les grands boulevards et l'autre, sous ceux du général Sébastiani, gagner l'Hôtel de ville où se trouvait déjà le général Taillandier. L'exécution ponctuelle de ces dispositions aurait certainement sauvé le pays et la royauté.

Malheureusement, la crainte d'une collision sanglante et l'attitude pacifique d'une partie de la garde nationale jetèrent comme un bandeau sur les yeux d'hommes réputés clairvoyants. L'honorable M. Thiers se persuada que la question pourrait encore se résoudre pacifiquement, et il obtint du Roi de rappeler les colonnes engagées et de retirer le commandement au maréchal Bugeaud.

Le Général Bedeau était déjà parvenu au boulevard Poissonnière quand il eut connaissance de la nouvelle décision royale. Il rebroussa chemin, suivi par la foule qui criait « Vive la ligue » et dérobait les cartouches des soldats.

L'hôtel de ville évacué était immédiatement occupé par l'émeute qui y massacrait de pauvres gardes municipaux sans défense. Vers une heure de l'après-midi, on ne voyait partout que soldats ahuris et sans ordre qui rentraient dans leurs quartiers. Le Général de Lamoricière nommé commandant de la garde nationale, était blessé dans la rue St-Honoré où il se consumait en efforts infructueux pour arriver à une conciliation.

Le roi circonvenu aux Tuileries, et auquel le juif Crémieux vient annoncer que la garde nationale se porte en masse sur le château et que l'abdication et la fuite sont nécessaires, se récrie en disant. « C'est impossible, la garde nationale ne « peut exiger cela de moi. » Puis il signe son abdication. Le maréchal Bugeaud survient rouge d'indignation et de honte. Tout peut encore être sauvé, si le commandement des troupes lui est de nouveau confié; mais le vieux Roi, à bout de forces, lui répond « Maréchal, la Couronne m'a été offerte pacifiquement par la garde nationale, et surtout par la classe moyenne, je ne veux pas la garder au prix d'un lutte sanglante, mes réflexions sont faites. »

Tout était consommé. Une heure après, des gens à face patibulaire envahissaient le château, défonçaient les tonneaux dans les caves du Roi, et se roulaient sur les coussins du trône.

Je ne puis passer sous silence, l'affreuse scène qui eut lieu le 24 vers dix heures du matin sur la place du Palais Royal. Des hommes armés, conduits par Etienne Arago, veulent forcer à capituler les gardés municipaux qui tiennent le poste du Château d'eau. Un officier répond qu'il n'en va pas ainsi et que lui et ses soldats savent mourir plutôt que d'accepter la honte. En même temps, des hommes du 14e de ligne, qui gardaient la Cour du Palais, sont assaillis de l'intérieur et font une décharge, en se repliant sur le poste du Château d'eau où ils sont recueillis par leurs camarades. Les émeutiers, au nombre de 5 ou 600, se réfugient alors derrière des barricades d'où ils engagent avec les quelques hommes du poste une violente fusillade. Mais les munitions des vaillants défenseurs de l'ordre commencent à s'épuiser; cependant ils ne veulent pas céder, espérant être secourus. Tout à coup un insurgé s'écrie: « *Il faut les griller.* » Cette idée infernale, accueillie avec transport, est aussitôt mise à exécution. Les écuries du Roi, situées près du Palais, fournissent de la paille dont le poste est entouré, sans que les défenseurs puissent s'y opposer. Bientôt ces braves soldats, dont les mains calcinées ne peuvent plus se mouvoir, suffoqués par la fumée, les cheveux et les yeux brûlés par la flamme, sortent sur la place, tête nue et les vêtements en lambeaux. Ils auraient trouvé grâce devant des sauvages, mais ces malandrins bondirent sur eux et les massacrèrent jusqu'au dernier.

Ah! Peuple français! peuple intelligent, généreux et brave entre tous, du moins c'est toi qui le dis, que de forfaits semblables ont souillé tes annales! Que de sang innocent et généreux tu as répandu dans tes colères stupides, ou laissé répandre par ton inavouable couardise! Souviens-toi de ces horribles noyades de Nantes, où tant de femmes au cœur vaillant, tant de jeunes filles belles et pures succombèrent sous la haine féroce du citoyen Carrier. Rappelles-toi les exploits de Jourdan coupe-tête à

Avignon, les exécutions de Lebon à Arras, de Robespierre à Paris, et dis où était alors ta générosité, où était ton courage. Regardes dans l'histoire des peuples tes voisins, tu n'y trouveras pas une telle série de crimes, de bassesse et d'horreurs!

Voilà donc la royauté à terre. Le vieux monarque, qui représentait si bien les opinions de la grande majorité de la nation, partait pour l'exil, après un règne de 18 ans pendant lequel il eut à subir 7 insurrections et 5 attentats contre sa personne. La reine Amélie, sainte et courageuse femme qui le soutint toujours dans les traverses et les déboires de sa vie royale, le suivait avec lesprinces, ses fils, qui composaient la plus belle famille que l'on put voir.

Les noms de Nemours et d'Aumale sont liés à la conquête de l'Algérie. Nos vieux marins se souviennent encore du prince de Joinville et nos vieux artilleurs n'ont pas oublié le duc de Montpensier. Tous ces princes, élevés dans les collèges royaux avec la jeunesse de leur temps, connaissaient bien la France et ses aspirations. Que de services ils auraient rendu à leur pays!

Je ne me suis étendu si longuement sur le règne de Louis-Philippe que pour mieux faire ressortir le progrès des idées nouvelles qui, comme je l'ai dit, ne prirent réellement corps que pendant cette période de 1830 à 1848. Je poursuis maintenant cette étude, en passant rapidement sur les faits historiques.

Après la victoire du peuple, un gouvernement provisoire nommé on ne sait ni comment ni par qui, et dont faisaient partie Ledru-Rollin, Lamartine, Flocon, Garnier-Pagès, Crémieux etc. prit la direction des affaires et distribua des places aux frères et amis. Sous la dénomination de commissaires et de sous-commissaires du gouvernement, on vit d'étranges personnages remplacer les préfets et les sous-préfets. C'est ainsi qu'à Brest, un sieur Francard, entrepreneur de vidanges, occupa la sous-préfecture. C'était du reste un fort brave homme qui n'abusa pas de son autorité. Mais, chose curieuse et digne de remarque, toutes les républiques françaises semblent affectionner particulièrement cette profession odoriférante, dont elles comblent les adeptes de faveurs singulières.

A Paris, Caussidière s'installa à la préfecture de police et y mena une vie de Sardanapale conforme à ses goûts. Quatre compagnies de gens de sac et de corde qu'il fallait bien récompenser de leurs travaux, furent créées pour garder le préfet de police et prirent part aux orgies du maître.

Pendant les jours néfastes qui suivirent le 24 février, les Tuileries et les différents postes envahis par les chefs de l'émeute devinrent le théâtre de saturnales indescriptibles, et ressemblèrent, selon l'expression d'un témoin oculaire, à un camp de Cosaques ivres et en rût.

Mais tous les héros de février n'étaient pas satisfaits. C'est pourquoi les uns, pour parvenir à la réalisation de leurs convoitises, les autres, pour continuer à vivre dans l'abondance, se ruèrent, en juin, sur la société qu'ils entendaient tous révolutionner à leur profit. Cette fois, ils se trompèrent grandement. La garde nationale, furieuse d'avoir été leur dupe en février et l'armée, honteuse des humiliations qu'elle avait subies, écrasèrent l'insurrection avec un ensemble et une énergie admirables.

Dans leurs histoires de la révolution de février, Lamartine et Louis Blanc présentent les faits sous un autre aspect que celui qu'ils ont dans ce récit. A ce propos, je citerai le jugement d'un homme fort compétent qui, comme agent de la police secrète, a pris part à toutes les menées des agitateurs et joué un rôle actif dans les évènements de 1848. Voici ce qu'il dit « M. de Lamartine et M. Louis Blanc ont « écrit chacun une histoire du 24 février. Ces deux « héros de la Révolution, ne la reconnaissent donc « pas? ou bien se seraient-ils moqué du monde? il « y a de l'un et de l'autre. »

L'écrasement de la démagogie aux journées de juin 1848 permit à la France de respirer et de se recueillir. En 1849, la nation donna au prince Louis Bonaparte la présidence de la République, et en 1853 le proclama empereur. Sous son règne, qui dura 18 ans, les revendications sociales firent trêve. Non que les républicains et autres eussent abdiqué, mais ils ne se sentaient pas en force et craignaient, avec raison, la répression énergique qui aurait suivi toute tentative de désordre de leur part.

Après la captivité de L'empereur, suite de nos désastres de 1870, les instincts républicains surgirent de nouveau et nous donnèrent la République du 6 septembre de la même année. Elle dure depuis 21 ans et, selon toute probabilité, deviendra la forme définitive du gouvernement du pays.

Un récit succinct des évènements et un examen rapide du développement des idées depuis la monarchie absolue jusqu'à nos jours nous ont conduits aux temps présents, dont nous allons maintenant étudier les aspirations et les tendances.

L'époque actuelle est grosse d'événements qui pourraient bien surpasser par leur importance et leur gravité ceux de 1789.

89 en effet ne visait que la noblesse et le clergé. Cette révolution faite exclusivement au profit du tiers état, supprima les privilèges inhérents à la naissance et abolit les abus dont la France était rongée, mais, comme nous l'avons vu, les prolétaires n'y gagnèrent que l'égalite devant la loi et leur situation matérielle resta la même.

Le mouvement qui se prépare est, au contraire, tout en faveur de l'ouvrier et du paysan au détriment du capitaliste et du propriétaire. 89 ne toucha pas au principe de la propriété. Le tiers état possédant des terres et des capitaux se serait bien gardé de le faire.

Nous voyons aujourd'hui paraitre dans la presse un nouveau nom, celui de 4e état, pour désigner le monde des travailleurs, et des prolétaires. C'est ce 4e état, le plus nombreux de tous, qui s'organise et marche avec un ensemble et une discipline remarquable à la conquête d'une situation meilleure et de ce qu'il croit être ses droits.

Les chemins de fer et la civilisation, en rapprochant les distances, ont aussi réuni les malheureux qui exhalent leurs plaintes en commun, se comptent, voient leurs forces et veulent en profiter. De là ces grèves incessantes qui se produisent partout et ne sont que la protestation d'une misère souvent exploitées par des meneurs ambitieux.

A quand l'assaut général? personne ne peut le dire. Une réforme dans l'économie gouvernementale pourrait-elle enrayer le mal? peut-être. En tout cas, il faut l'essayer. Le gouvernement semble du reste le comprendre, et s'occupe, en ce moment, d'assurer une retraite aux ouvriers. Mais pour arriver à un résultat satisfaisant, il faudrait que les deux partis en présence fussent animés d'un désir sincère de conciliation, et laissassent de côté les haines, les compétitions et les ambitions malsaines. C'est peut-être demander beaucoup à la pauvre humanité, et vraiment on est tenté d'abandonner tout espoir, en voyant combien le sens moral s'est oblitéré en France. Nous appelons Paris Ville-lumière, et voilà que ses représentants directs, les élus de son Conseil municipal votent des primes aux grévistes et activent ainsi les haines qu'ils devraient chercher à apaiser.

Nous avons vu que des revendications sociales s'étaient produites pendant le règne de Louis-Philippe, sous les dénominations de communisme, icarianisme et anarchisme. Elles apparaissent de nouveau aujourd'hui avec quelques variantes, mais le fond reste toujours le même.

Jamais ces formes sociales ne pourront améliorer le sort des malheureux, jamais elles ne seront durables, car elles détruisent la famille, base originelle de la société, et répugnent à la nature essentiellement égoïste de l'homme qui veut posséder pour lui et ses descendants.

Je considère donc comme superflu de les approfondir davantage. Je dirai cependant un mot du socialisme d'état préconisé par quelques esprits comme devant faire le bonheur de l'humanité. Cette conception rend l'état maitre absolu de la fortune publique, dont il distribue à chaque citoyen une part que celui-ci ne peut ni augmenter ni diminuer. L'état prenant ainsi en tutelle chaque individualité et annihilant, par sa toute puissance, les aspirations naturelles de l'homme vers la propriété et la liberté ! Quel rêve ! quelle utopie !

Cette théorie a cependant été mise en pratique au Paraguay par des Jésuites espagnols sur quelques tribus sauvages que ces missionnaires ont soumises pendant plus de cent ans, (1656-1767) au régime de l'état protecteur et tuteur de chaque personnalité. On a prétendu que ces pauvres sauvages se trouvaient bien de cette étrange domination, qui les tenait sous le joug des Pères Jésuites, comme de petits enfants sous celui de leurs parents. Ce Régime a pu leur assurer la vie matérielle, mais je doute que leurs autres instincts en aient été satisfaits. En tout cas, quelle est la nation européenne qui consentirait à se laisser ainsi museler par son gouvernement?

Depuis quelques années, des publicistes cherchent, sans y parvenir, à résoudre le problème ardu de la question sociale. M. Drumond, entr'autres, après avoir crié sus à la Juiverie qui nous a envahis, aux accaparements, aux agiotages qui affament les malheureux, émet de singuliers principes. Il prétend que chaque individu doit vivre de son seul travail personnel et qu'il ne lui est pas permis de faire fructifier, dans des spéculations financières, l'argent de son labeur. Il arrive ainsi à une espèce de socialisme chrétien fort peu compréhensible. Cette singulière théorie témoigne d'une tendance à la suppression du capital qui, selon M. Drumond, ruine et exploite les classes pauvres. C'est là un signe du temps qu'il importe de signaler.

On pourrait répondre à M. Drumond qu'il lui est facile de prêcher ainsi ; car s'il parvient à se procurer par son seul travail les ressources nécessaires à l'existence, et il le fait, c'est qu'il a reçu de la nature ce qu'il faut pour y arriver. Courage, intelligence, âme ardente, style incisif, etc. Ces qualités réunies forment déjà un très beau capital qu'il sait fort bien faire fructifier. M. Drumond en conviendra sans doute et, dès lors, je ne vois pas qu'il ait raison de blâmer ceux qui, moins bien doués que lui du côté des facultés intellectuelles, cherchent, selon leurs aptitudes, sans nuire à leur prochain et par les moyens légaux, à se procurer les ressources dont ils ont besoin pour eux et leurs enfants.

Enfin devant cette crise actuelle qui occupe les esprits sérieux, le Souverain Pontife, chef de la catholicité a aussi fait entendre sa voix.

Dans son encyclique (de Conditione Opificum) il flétrit les agissements des gens de finances et autres qui exploitent le peuple, il adresse des paroles de paix et de résignation chrétienne aux déshérités de ce monde, en leur faisant entrevoir la félicité éternelle, en récompense de leurs maux vaillamment supportés.

Le Pape invoque en outre le décalogue et quelques préceptes évangéliques qui semblent considérer le bien d'autrui comme inviolable, et consacrer le principe de la propriété individuelle. Mais l'encyclique ne résout pas la question sociale et se borne à donner à l'humanité souffrante des conseils salutaires. Par malheur, la faim et la misère lui en donnent d'autres, et les prolétaires ne s'accommoderont guère des admonestations du Pape ; ce qu'il leur faut c'est un remède sûr et prompt à leurs maux. Il est donc probable que l'encyclique restera sans effet sur les masses qui continueront à s'agiter pour la vie.

Le mouvement qui nous menace n'est pas de même nature que les insurrections qui se sont produites jusqu'ici et dont la force armée doit avoir raison. En ce temps de suffrage universel, le 4e état peut, après entente préalable, arriver pacifiquement par le bulletin de vote, à une subversion sociale complète.

Toutefois, les temps ne semblent pas venus, et il est probable qu'un gouvernement puissant et ferme pourra encore, pendant quelques années, réprimer par la force toute tentative de désordre, mais il n'arrêtera pas la marche en avant des masses sociales. On ne remonte pas le courant des idées. Elles s'infiltrent, à travers les obstacles qu'on leur oppose, comme les eaux dans les interstices d'une digue mal jointe qu'elles finissent par emporter tout d'un coup, en entraînant, avec un horrible fracas, tout ce qui obstrue leur passsage.

Ce n'est que par des concessions, des voies de conciliation qu'on pourrait essayer de conjurer, momentanément du moins, le cataclysme qui menace l'Europe entière. Comment et dans quelle mesure les sacrifices s'imposent-ils ? C'est une question à faire résoudre par des économistes sages, prudents et éclairés.

Quoiqu'il arrive, restons persuadés que les meilleures formes sociales sont encore celles qui ont régi le monde jusqu'à ce jour. On pourra les modifier, jamais les remplacer.

Sous le poids des utopies rêvées par les déshérités de la fortune, et réalisées par une Révolution, la société actuelle peut s'effondrer et rester, quelque temps, en proie aux dissensions et aux tiraillements inséparables d'une conception fausse et contre nature ; mais elle ne saurait persister indéfiniment dans cet état. Après des vicissitudes, dont il est impossiblede prévoir la durée, elle se rétablira forcément sur ces deux bases immuables de la famile et de la propriété qui l'ont soutenue jusqu'ici, et répondent seules aux besoins les plus intimes de notre être.

Lesmel le 9 Septembre 1891.

DE POULPIQUET.

Landerneau. — Imprimerie J. Desmoulins.

www.ingramcontent.com/pod-product-compliance
Lightning Source LLC
LaVergne TN
LVHW020248230826
846091LV00006B/2306

9782011772022